KS
ブックレット
No. 29

# ふたりのエース

## 障害のある人と65歳の誕生日

浅田達雄・秋保喜美子

発行―きょうされん　発売―萌文社

## ＫＳブックレットの刊行にあたって

ＫＳブックレットの第29号がここにできあがりました。ＫＳとは、本書の発行主体である、きょうされん（旧称；共同作業所全国連絡会）の「共同」と「作業所」の頭文字であるＫとＳを組み合わせたものです。

本ブックレットは、障害分野に関わる幅広いテーマをわかりやすく企画し、障害のある人びとの就労と地域生活の実践や運動の進展に寄与することを目的に刊行しています。社会福祉・保健・医療・職業リハビリテーションに携わる人びとはもとより、多くのみなさまにご愛読いただくことを願っております。

2020年1月

きょうされん広報・出版・情報委員会

# ふたりのエース——障害のある人と65歳の誕生日

# まえがき

6歳の春に泣き、

「15の春」を泣かされてきた2人。

障害があるから「不就学」とされ、障害があるから働くところはなかった。障害があるからしかたがない、障害があるから…と差別されてきた。それが65歳になったとたん、「あなたは健常者と一緒です」と障害福祉サービスを打ち切られ、介護保険に移行させられる。支援時間が容赦なくカットされ、今までになかったような利用料負担に苦しむ生活が始まる。65歳の誕生日から。

65歳の誕生日を泣かせるな！

命をつなぎ、戦後を生き抜いてきた高齢障害者が、渾身の力をふりしぼって挑んだ強大な壁、「介・護・保・険・優・先・原・則」。

わたしたちは学ばなければならない。ふたりの生きざまから人間の尊厳とは何か、を。「介護保険優先原則」にしがみつく国が、何を狙い、障害者の未来をどう変質させようとしているのか、を。

ふたりのエース（ＡＡ）。それはわたしたちの希望。

戦後、焼け跡の街から、歯をくいしばり、時にはあきらめ、ヤケクソにもなりながら、それでも、数々の出会いの中で、視野をひろげ、辛抱強く切り拓いてきた軌跡。ふたりの生きざまを辿りながら、どうぞ驚き、ホロリと涙し、勇気をもらってください。そして、自立支援法違憲訴訟、浅田訴訟が起こされた背景には、どんなに切羽詰まった要求があったのか、そして闘い抜いた強さはどこで育まれ、開花したのかを。訴訟そのものの意義とあわせてかみしめてほしいのです。

障害者権利条約批准から6年。浅田達雄さん、秋保喜美子さん、そして無数のエースが、歴史を前に動かしています。

2020年1月7日　障害者自立支援法違憲訴訟「基本合意」締結10年の日に。

きょうされん広報・出版・情報委員会

# もくじ

## どんな時も必死なんです！ そんな自分が私は好き！

秋保喜美子 25




●表紙イラスト——寺田 燿児

●装幀——佐藤 健

視覚障害などの理由から本書をお読みになれない方を対象に、テキストの電子データを提供いたします。

ご希望の方は、下記までお問い合わせください。

なお、第三者への貸与、配信、ネットでの公開などは著作権法で禁止されております。


きょうされん

TEL03-5385-2223　FAX03-5385-2299

E-mail zenkoku@kyosaren.or.jp

# 65 歳の誕生日を笑顔で迎えたい

浅田 達雄

もうだめだ、と思った。
起き上がれなかった。冷たい畳には採尿ビンが転がっている。
ヘルパーステーションまんまる。の川畑さんの叫ぶ声が聞こえた。
「もういい！　我慢せんでいい!!」「死んじゃぁいけん！」
…来てくれたんじゃなあ。こんな雨の中を。
障害福祉サービス不支給（却下）通知から1カ月半、
僕は福祉サービスを一切受けられず生活していた。
常時介護が必要な僕が、介護保険の申請を拒んだことで出された岡山市の処分。
あの夜が、浅田訴訟闘いの原点。私の中の切ない「原風景」である。

# 第1章　1948年2月16日　岡山県の片田舎に仮死状態で生まれた

助産婦をしていた母は、戦後、私を仮死状態で産みました。何度も命の危険にさらされましたが、何とか生き抜き、大阪の大学病院で「脳性小児まひ」と診断されました。

就学免除で家にいたとき、「学級数を増やすのに名前だけ貸してほしい」と声をかけられ、5年遅れでようやく小学校1年に入学しました。母や叔母が交代で丸1日付き添い、ほとんど休まず通いました。

14歳、岡山大のリハビリにつながり、毎週家族に付き添われて訓練に通いました。養護学校に転校し、旭川療育園に入園。そこでの吉野先生との出会いは、自分の人生を変えるものでした。

卒業後、岡南荘（現：旭川荘のぞみ園）に入所し、機能訓練を受けて松葉杖で歩けるようになりました。その後、東広島太陽の町に入所して縫製作業に挑戦します。しかし手に麻痺がある自分は、スピードが求められる仕事にはついていけず、半年でやめざるを得ませんでした。その後、家で割りばし入れの内職をしました。

## 自立生活の助走──自治会活動と岡山大学学生たちの出会いと

25歳、岡山県で最初の療護施設「竜ノ口寮」ができ、入寮しました。仲間と自治会をつくって「子どもの施設ではないから金銭は自分で管理したい」「ほしいものを好きな時間に食べたい」等々の要求を管理者と話し合って一つひとつ実現していきました。寝たきりの人のために訪問購買のしくみをつくって喜ばれたり、喫茶コーナーを食堂につくったりしました。岡山大学の医学部学生と「外出を保障しよう会」を結成、管理者と話し合いを重ね、家族以外の付添人でも外出、外泊を認めてもらいました。学生ボランティアとキャンプや一泊旅行などに出かけ、青春を謳歌します。当時の医学生ボランティアが、現在、僕の内科主治医でもあります。

## 初めての出会い

コラム1

（浅田裁判を支える会事務局長）吉野一正さん

浅田達雄君が、中学2年で旭川療育園に入所してきたとき、私は併設の養護学校寄宿舎の寮父をしていました。「すごく重度の子どもが入園してきた」と話題になっていたのが彼でした。訓練の様子を見にいくと、それこそ、七転び八起き…転んでも転んでも、起き上がって血のにじむような努力をしていた姿がありました。それが彼との最初の出会いです。当時の療育施設は、リハビリが可能で、手術の効果が見込める子どものみが対象で、脳性麻痺児は治療可能とされる人しか入所できませんでした。でも、お母さんは、障害の重い彼を訓練につなげ、養護学校に行かせるために、同じ敷地にある重心施設で住み込みの寮母として働いていました。「いざというときは母が面倒を見る」という条件で重心施設に勤めたため、彼は療育施設に入園したと聞いています。彼は辛抱強く、頑張りぬいて、松葉杖による4点歩行を見事に獲得したのです。

この間、母や父が相次いで亡くなり、岡山肢体障害者の会の仲間と出会ったりすることで、地域で生活することを具体的に考えるようになっていきました。

32歳、叔母や兄弟の反対を押し切って、医学生のボランティアの力を借りながら地域生活をスタートさせました。電動タイプライターを朝日新聞社から寄贈してもらい、文章を打つ仕事がポツリポツリと入るようになってきました。岡山市の嘱託ヘルパーに週2

回、2時間の家事を支援してもらうこともはじまりました。困りごとはたくさんありましたが、困難に直面するたびに、なぜか横で見守り、支えてくれる人が次々と立ち現れ、不思議な縁を感じています。

当時は、なんでもできる！とかなり無鉄砲で向こう見ずでした。輪をかけるように、自動車免許取得にも挑戦したくなり、これまた兄弟の大反対を押し切って高松にできた障害者のための自動車教習所で合宿免許に挑戦。仮免がどうしても合格せず、教官に「あきらめます」といったとき、「今までなんのためにがんばってきた？ ゴールはもう少しだ。がんばれ！」と励まされた言葉は胸に焼き付いています。免許証を手にして帰郷したら、大反対した兄弟たちが泣いて喜んでくれました。

自動車の運転ができるようになる

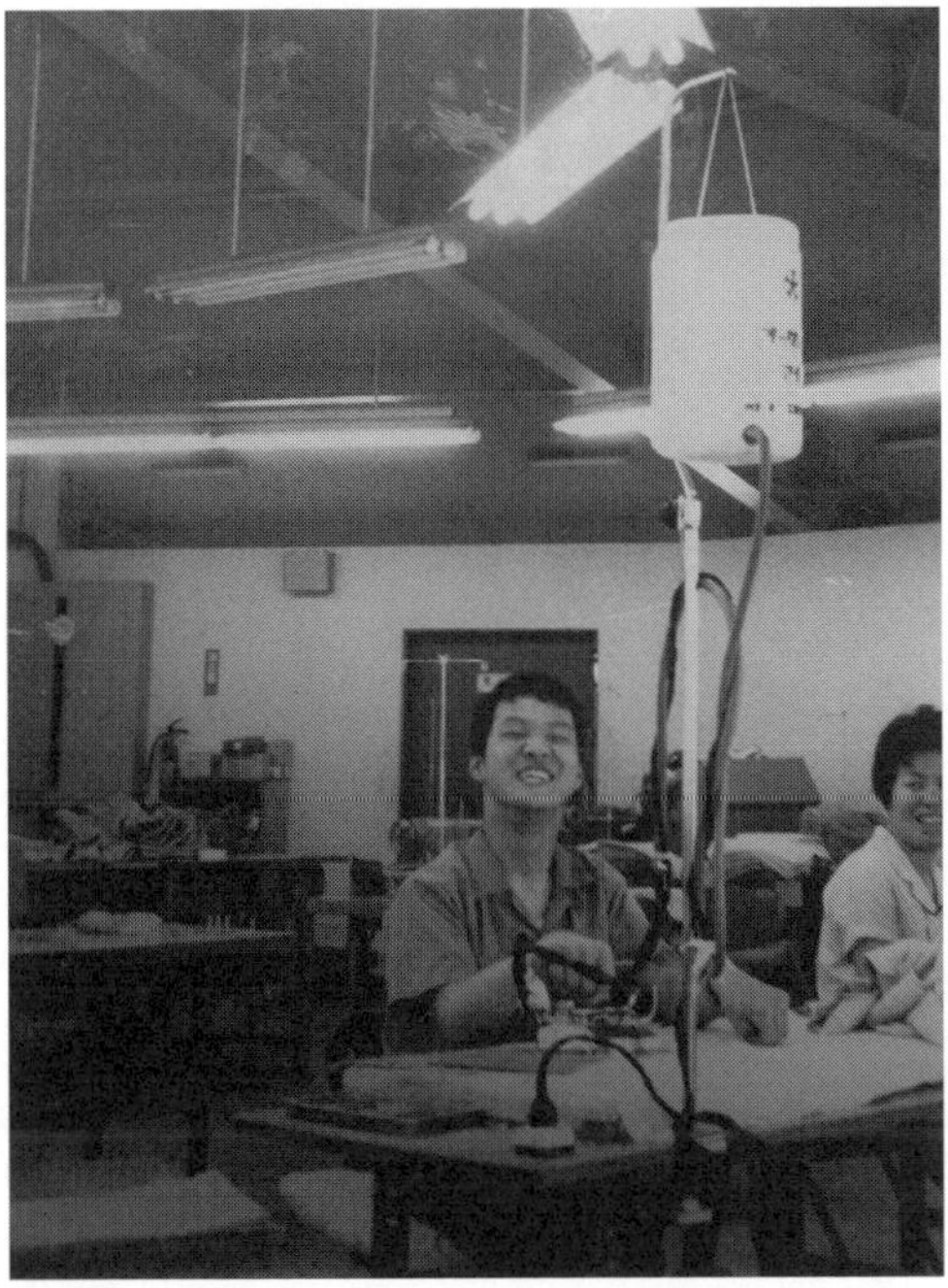

竜ノ口寮での作業風景

岡山大学の学生ボランティアと青春を謳歌

と行動範囲がひろがり、伝票整理や雑用の仕事で就職もできました。しかし、会社の都合上退職しなければならなくなりました。

市営住宅に入居が決まるとパソコンを独学で使えるようになって、文章編集機も買い、会報や名刺作り等の仕事をして、わずかですが稼ぐようになりました。知人の紹介で一般会社にも就職しましたが、50歳ごろから少しずつ体が思うように動かなくなり、短距離でも松葉づえで歩くのが難しくなり会社を辞めました。

それでも、仕事がしたい、と重度障害者でも働ける作業所づくりに参加し、かがやき作業所、ワークハウスくるみ作業所を開所させ、その運営にも関わりながら、仲間と働きました。

## 自立支援法、応益負担反対！ そして65歳問題

ようやく自分のペースで仕事ができると喜んだのも束の間、2005年に障害者自立支援法（以下、

## ひとりはみんなのために
## みんなはひとりのために

コラム2

（浅田裁判を支える会事務局長）吉野一正さん

彼が施設を出て地域生活を始めたころ、教職員組合で活動していた私は、また彼と巡り合い、活動をともにする同志となります。岡山における障害者自身の要求運動の萌芽期、彼は参画し始めました。岡山市や岡山県との交渉、駅舎や道路のまちづくり点検、肢体障害のある全国の仲間との交流…。さまざまな経験を通じて、人間らしい生活を求める要求は正当であり、それは運動によってかちとるもの。制度をつくり、社会を変えることの意味を学んでいったのではないでしょうか。彼が生来もっている粘り強さ、へこたれない強さは、この運動への確信によってさらに磨きがかかったと思います。

「支援法」）が成立し、障害福祉サービスに1割の応益負担が導入されることになりました。

「働いているのに、なぜ利用料を払わなければならないのだ！」と、怒りに震えました。自立支援法違憲訴訟に岡山からも1名原告が立ち応援しました。

国と原告団・弁護団が交わした「基本合意」には、介護保険優先原則の廃止も入っていました。65歳問題で闘いを決意したときも、「この基本合意を国に守らせなければ！何のための違憲訴訟だったのか」という強い思いがありました。

私は、65歳の誕生日を迎えても、介護保険申請をしませんでした。理由は1割の応益負担が生活を圧迫すること、また、介護保険では今受けているサービス水準が維持できない、という強い不安からでした。

## 第2章 私は何か間違ったことをしたのか？

2013年2月13日に岡山市から「岡山市介護給付費等不支給決定通知書」を受け取りました。常に介護が必要な私にとって、介護の打ち切りを告げるこの通知は、「死ね！」と言われたのと同じです。今後、どうなるのかと恐怖を感じ、気持ちが不安定になり、半狂乱になってしまいました。

少し落ち着いて考えたことは、「私は、なにか間違ったことをしたのか？」「介護保険を申請しなかったことが処分の理由というが、支援法のどこに65歳になったら介護保険を『申請せよ』と書かれているのか？」「介護保険は申請主義だ。岡山市が指摘した支援法7条に介護保険優先規定があるとしても、それはあくまで私が介護保険を申請することが条件のはずだ」それなのに私の障害サービスを打ち切ったのは、「岡山市は私に65歳以上は人間として、岡山市民として生きるな」と命じたに等しい。「介護保険の申請をしないこと」を理由に、年齢によって生きることを否定されたのだと胸が苦しくなりました。

65歳になる私は、岡山市の処分で人間扱いされてないことを強く感じ、怒りと悲しみが、からだ中からふつふつと湧いてきました。

私のように介護を受けないと生きていけない市民をあたりまえの市民として支援することを憲法は25条で定め、障害者基本法や支援法を制定して福祉サービスが行なわれています。私は処分が出される前まで岡山市の福祉行政を全面的に頼りにしていました。しかし、福祉行政は、紙切れ1枚で私のような重度障害者の「命」をいつでも奪うことができることを私に知らせました。私は初めて行政が冷酷で人の道を外れたことを平気でやれることを知りました。こんな福祉行政が存在してもいいのかと、狂おしいほど怒りがかけめぐりました。

仲間に相談したら「岡山市と闘うなら応援するよ」と応えてくれました。私は、岡山市が二度と福祉行政の権力で市民に「死ね」との処分を出させないため、命

仲間と裁判所へ向かう

がけで闘うことを決めました。

## 第3章　浅田訴訟・65歳問題・介護保険優先原則

2013年9月19日に提訴して以来、わかってきたことは、私は憲法25条、14条、13条に守られているということ。そして、障害者権利条約も、私のような重度障害者が人間として生きていける社会をつくることの根拠になっているということです。障害者は「障害のある普通の人」であり、「障害者のことは障害者抜きで決めるな」ということが国際条約（障害者権利条約）となり、日本も2014年1月20日に批准しました。私の訴えは間違っていないことが口頭弁論を重ねるごとに確信となっていきました。

しかし岡山市は、「支援法に決まっているから処分は正しい」と主張し続けて、私の主張に耳を貸しません。さらに岡山市は、私の訴えは「失当」であると、裁判そのものを受けさせないと言ってきました。「処分を後で訂正したから問題ない」というのです。1カ月半にわたって障害福祉サービスを打ち切られ、私の精神的なダメージ、生活上の困難さがどんなにひどいものだったか。その苦しさを一切顧みず、人の道を外れた行政処分を正当化するものです。ますます不信感を強くしました。

裁判勝訴に喜ぶ

介護保険による1割負担は、その上限1万5千円だけではありません。要介護5ですから、小規模多機能ホーム「だんだん」に支払う介護料金2万9494円と訪問リハに7000円近くを支払い、他にも在宅訪問医療を受けているので、居宅療養管理指導費として584円、また搾尿器（スカットクリーン）とベッド柵のリース料の1004円を払わなければなりません。上限の1万5千円を差し引いた額が3カ月後に返ってはきます。

しかし、2カ月に1回の障害年金から介護料金と自己負担額である食費、宿泊費を合わせた最大5万円近い額を準備することは大変です。最初の3カ月は、事業所に支払いを待ってもらうことにもなりました。将来、24時間介護が必要になったときのことを考えると、とても不安になります。

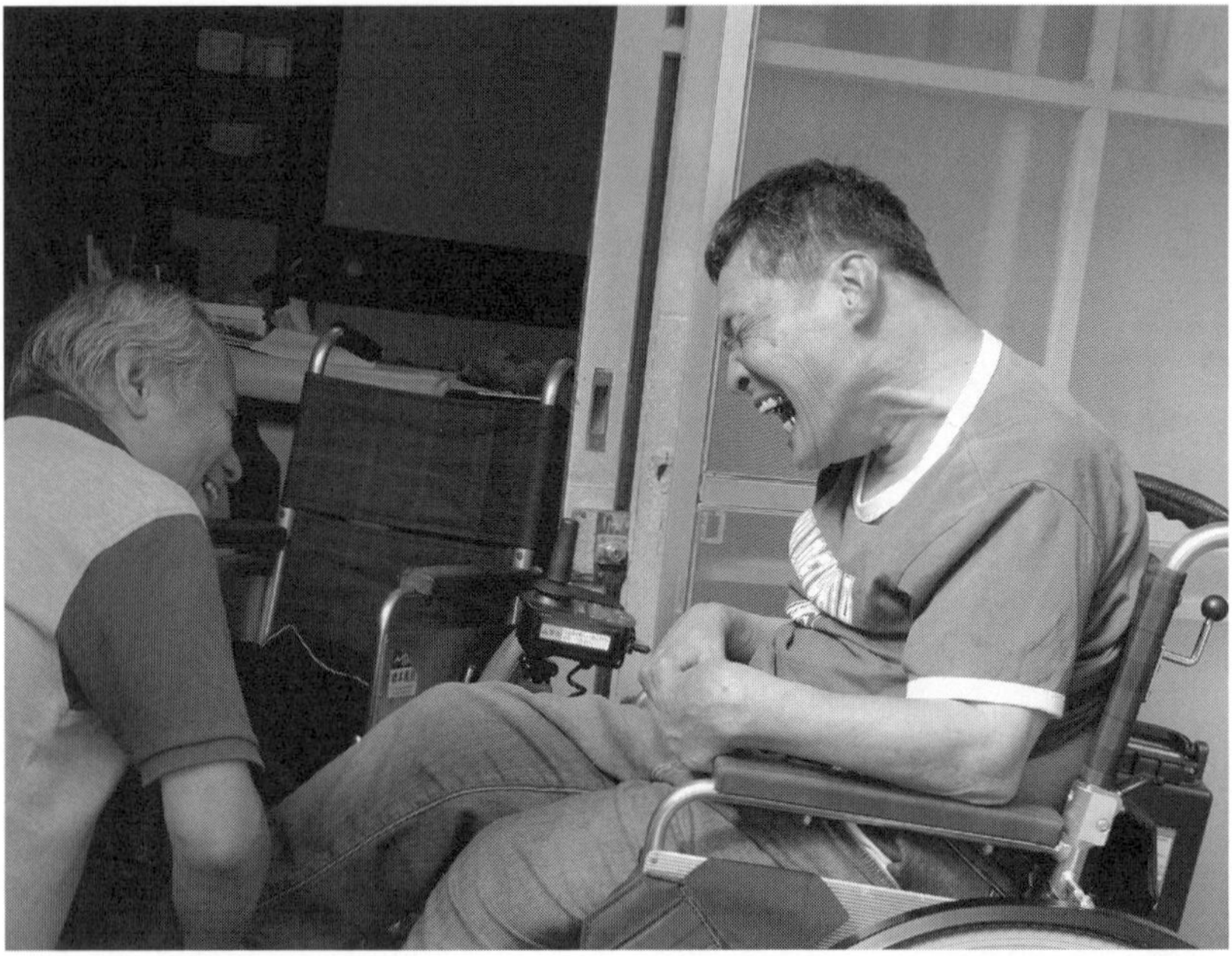

岡山市の自宅にて。傍らにはいつもヘルパーの江川さん

## 浅田訴訟　全面勝利の日

口頭弁論21回、6年間を歯をくいしばって闘い抜きました。最初の頃は、傍聴者も支援者も少なくて、同じ障害のある仲間から裁判をすることへの不信を容赦なくぶつけられたこともありました。本当に辛かったです。でも、全国の支援が僕を支えてくれました。徐々に県外からの傍聴者が増えていき、期日の度に元気になっていきました。最終的には60人もの車いす障害者が集まり圧巻でした。

いつも心にあったのは、尊敬する親友、故・清水博さんです。自立支援法違憲訴訟の岡山原告として闘い、いつも僕の前を走ってくれていました。彼の闘いのおかげで、僕は応益負担がなくなり、生きていける。だからその努力にこたえるために、基本合意を守らせるために、亡くなった親友の遺志を引き継ぐために決意したのです。

コラム3

## いのち丸ごとをささえてきた

（ヘルパーステーションまんまる。）**江川敏雄さん**

ヘルパーとして彼の命をとことん支えました。時には、疲弊しきった彼に、本気で「裁判やめてもいい」と言ったことすらあります。裁判の初めの頃は支援者も少なく、傍聴者もわずか。運動に展望が持てない苦しい時も続きました。生活丸ごとを任されたわたしたちにとっても本気の闘いだったといえます。一人原告の裁判は厳しい。「彼だから闘えた」とつくづく思います。無いない尽くしの時代に地域生活に飛び込み、働きたい・仕事がしたいと願い、本当に粘り強く生きてきた彼だからこそ。

今、彼と一緒に65歳問題の学習会に全国を飛び回っています。堂々とマイクを握る姿を心から誇りに思います。人懐っこい笑顔に引き寄せられて、ここまで来ました。もう、浅田達雄さんとは家族です。支援者―利用者の関係をとうに超えた家族。これからも、お互いくたばるまで、一緒に生きていこう。

私の経験から学んだ名古屋市のある障害者は、65歳になっても介護保険を申請していません。しかし、障害福祉サービスは65歳以前と同様に支給されています。岡山の仲間も勇気を奮って、介護保険の申請をせず、頑張っています。私の訴えが少しは仲間たちに役立っていると嬉しくなりました。

障害があってもなくても、いや、障害があるからこそ、65歳の誕生日を笑顔で迎えたいのです。

解説

「基本合意文書」では、「介護保険優先原則（障害者自立支援法第7条）を廃止し、障害の特性を配慮した選択制等の導入をはかること」が明記されました。しかし、国はその約束を守らず、その後に各地で相次いだのは、障害福祉から強制的に介護保険へと利用するサービスを移行させられ、サービスの低下と利用者負担を招くという結果でした。それは厚生労働省自らの調査でも明らかになっています。

浅田訴訟判決の意義①

## 介護保険と障害者総合支援法はそもそも別物

自立支援給付は障害者が個人として尊重され、自立した日常生活や社会生活を営むことができるように必要な福祉サービス等の給付を行なうものです。一方、介護保険給付は、加齢に伴って生じる心身の変化等により要介護状態になった者が自立した日常生活を営むことができるよう必要な福祉サービス等の給付を行なうものであり、「介護保険給付が自立支援給付のすべてに相当するとは言えない」。

利用料負担についても、非課税世帯に限ってみれば自立支援給付には自己負担額がないものの、介護保険給付には自己負担額があり、「介護保険給付を受ける地位が、自立支援給付を受ける地位と同じとは言えない」とされています。

浅田訴訟判決の意義②

## 介護保険優先原則規定とは

「自立支援法第7条にある「介護保険優先原則」とは、障害者サービスを利用していた障害者が、介護保険サービスの利用を申請した場合に生じうる二重給付を避けるための調整規定であり、介護保険制度を申請していない場合、この調整規定は採用されない」とし、介護保険を申請しないからといって障害者サービスを不支給にするかは、市町村の裁量にゆだねられる。

障害者は65歳になって、必ず要介護状態になるわけでは

竜ノ口寮での1コマ

施設を出てアパート暮らしを始めた頃

いのち丸ごと支えてくれるスタッフといい笑顔

ないため、65歳を境に一律に障害福祉サービスの不支給決定をするのは誤りであり、どのようなサービスが必要なのか、介護保険料の自己負担額を支払うことがどの程度負担なのか等を考慮して、行政は給付の選択を行なうべきである、としました。

厚労省が出した「自立支援給付と介護保険制度との適用関係」に関する通達においても、「具体的な利用意向を聴き取り…個々の実態に即した適切な運用を行うこと」が明記されています。

# どんな時も必死なんです！
# そんな自分が私は好き！

秋保 喜美子

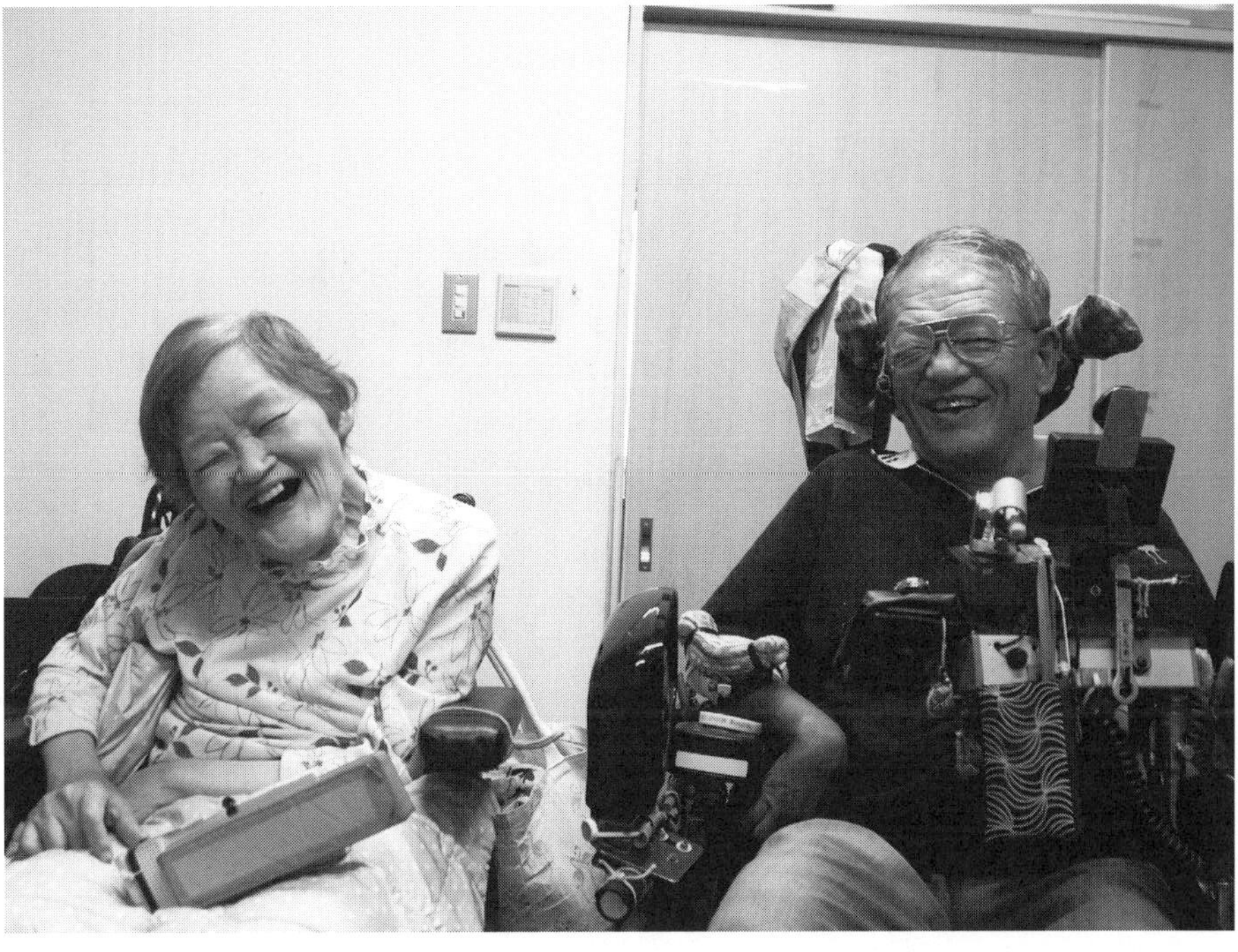

# 第1章 「良い子？」

## 1. 歩けないわたし

戦争が終わって2年目、わたしの母は、４人子どもがいる父のもとにお嫁に来ました。なので、わたしは5人きょうだいの末っ子なんです。わたしが物心ついた頃には、一番下のお姉ちゃんは高校生。お兄ちゃんもお姉ちゃんも、みんな大人で、お勤めしていました。わたしとは年齢が離れていて、学校、お勤め、農作業の手伝いやらで、それぞれ忙しくしていました。あまり遊んでもらった思い出がなく、ネコと遊んでいました。

軍人だった父は、家族みんなに自由気ままな行動を絶対許さない人だったので、みんな怒られてばかりでした。

わたしは1歳になる前から、自分の意思だけでは何もできなかったので、いたずらもできず、わがままも言わず、いつも「いい子」でした。父は「どこから帰ってきても、土産がのうても（なくても）、〝おかえり〟いうて（いって）くれるのは喜美子だけじゃ！」とほめてくれていました。

小学校が一山越えた小さな町にあって、家から歩いて40分ぐらいかかる道のりを、母は歩けないわたしをおんぶして6年間通ってくれました。

中学生になっても自力で歩けないわたしは、母より身長が高くなって、母がおんぶもできなくなり中学校に通うことができなくなりました。当時テレビや自動車がある家は裕福な家で、わが家にはありませんでした。お姉ちゃんたちの嫁入り準備に家計は大変だったようです。

わたしは運よく「若草園」という施設に入園できました。その施設は医療や機能訓練や学校教育も受けられる所で、5歳から18歳までの(障害のある)子どもが100人くらい入園していました。当時、広島県で唯一の障害のある子どもたちの専門機関でした。親と離れて暮らす生活は、淋しいし不安だらけでした。入園して2年目にやっとどうにか歩けるようになりました。施設の敷地内だけなのに、毎日が冒険でした。あまり積極的な性格ではなく、おとなしくて目立たない存在でした。

# 第2章 青春時代

## 1.〝おしん〟のような生活

中学卒業後、養護学校に高等部がはじめてできましたが、わたしは障害が重くて入れませんでした。先生に勧められて手に職をつける施設に入りました。更生指導所の洋裁科です。ここでは洋裁の基礎を全部習って身に付け、1年半したらここを出ないといけませんでした。

その後、行くところがなくて困っていたら、中国新聞が取材してくれて、〝障害のある人がこんなに頑張っているけど働くところがないんだ〟という記事を載せてくれました。そんなこともあって授産施設に行くことになります。

だけど、そこは仕立てを専門にする授産所で、例えば幼稚園の制服を何百枚も請け負って、縫ったりしていました。みんなは作業ペースが早く、10枚縫うところを、わたしは1枚がやっと縫えるくらいでした。今はミシンで裾上げすることもできますが、昔はすべて手で縫っていました。わたしは時間がかかるから、持って帰ってやったりもしていました。

日曜日はみんな遊びに行くのに、わたしは仕事をしていました。まるで〝おしん〟のような生活で、それはもう大変でした。右手がアテトーゼで震えるから、針も震えます。だから、地べたに座って右手を足で押さえて固定してやっていました。作業姿勢は普通では考えられないような無理な姿勢でしていて、とうとう肋間神経痛になってしまいました。

そこの施設は職員も昼間しかおられなくて、夕方からは宿直が一人だけおられるようなところでしたから、一人で病院通いをしていました。病院の先生には「しょうがないね～。いくら治療しても治らん」と言われ、「このままこの施設で自分一人でやっていけるのか」を考える機会にもなりました。

## 2. 自立への一歩

ふり返ると、15歳からの3年間はとっても辛い日々でした。

この頃から「いい子」から少しずつ「悪い子」になってきました。たとえば、親がせっかく買ってくれた洋服を着なかったり、お父さんが面会に来てくれてもあまり話をしなかったり、親からの意見を素直に聞けませんでした。

誰にも本音を言えなくて「こんなにしんどいのに、いつまでがまんしたらいいんかなぁ…」と一人で悩んでいました。でも、絶対家には帰りたくなかったので我慢していました。

18歳の時、「辛抱」がついに爆発しました。自分でいろいろ調べるうち、重度障害者の授産施設が広島県で初めてできたことを知りました。迷わず福祉事務所を訪ねて、その施設に移りたいことを訴え、自分で手続きも進め、全部決まってから親に話しました。わたしの自立への一歩でした。ここの授産施設での経験が、わたしの生活と人生を大きく変えることになります。

## 3. 勝手に恋するわたし

医療法人がつくった新しい施設での生活がスタート。とにかく友達と集まっては、アイドル歌手の話、仕事の話、お菓子の話に花が咲き、大笑いし、楽しい毎日でした。そんな若いわたしたちは、施設の人気者で、いろんな年齢層の人から声をかけられました。そこには憧れの先輩がふたりいました。

先輩の一人は20歳の頃、開拓団で中国に渡っていた人です。軍のトラックの整備中にジャッキが外れ、下敷きになって障害を持ちました。終戦後も国交が結ばれるまでは、その身体で中国の病院にずっと残されていました。戦争がどうして起こるのか、中国で日本は何をしてきたのか、日本国憲法のことなど、聞くことすべて知らないことばかり。わたしの平和活動の原点はここにあります。

もう一人の先輩は戦時中に親が朝鮮から連れてこられた在日の人でした。生まれた時からカリエスという疾患があり、だんだんひどくなって車イスの生活になって入所してきました。国政選挙の度に「在日には選挙権がないんだ」と悔しがっていました。車の接触事故に遭った時、警察が一方的に在日に非があると処理されたことなど、国籍でも障害でも二重の差別をうけてきたことを話してくれました。戦時中のことや、政治の話、「差別とは何か」その本質を学ぶことがたくさんありました。でも、その憧れの先輩は一年後、施設を去り社会復帰されました。わたしは花嫁候補にはなれませんでした。

次に恋をしたのは軽い障害のある同じ年の職員でした。彼とはなんとなく気が合って、映画を見に行ったり、喫茶店で話し込んだり、一緒にいるといつも笑いがありました。そしていつも助けてくれました。ある日、彼から「お見合いしよう思うんじゃあ！　一人暮らしもしんどいけぇ、助けてもらえる人を探さんとねぇ！」と相談されました。わたしは生活をともに作っていくパートナーにはなれませんでした。障害が重いことのそ悔しさをしっかり味わいました。

# 第3章 結婚・地域生活、そして子育て

## 1．わたしが一番自慢したいこと～自治会をつくったこと、そして結婚実行委員会の活動～

広島県内で初めてつくられた重度障害者の授産施設でしたから、当時は規則もあまりなく職員も施設づくりを模索している状態でした。入所者になにをしたいか聞き、仕事や活動内容を一緒につくっ

ていく時期でした。まだ仕事らしい仕事はなくて、切手をはがしてそれを切手シートにして、病院の先生たちに販売しました。めったにお金は入らなかったけど、みんな一生懸命やっていました。それから園芸だとか印刷、手芸などの仕事がつくられていきました。

何もなかった時代でしたし、施設の周りも畑や山で買い物も行けないような生活でしたが、とにかく友だちができたことが楽しかったと覚えています。

そういったなかで、中国から帰ってきた先輩が、施設の中に自治の組織をつくろうと発案し、自治会ができました。自分たちの生活をゆたかにしていくために、いろんなことをやりました。わたしも自治会役員を任されて7年間がんばりました。みんなの要望をまとめて何度も園に提出し、しまいには敬遠され「また来たのか」と言われるくらいやったのを覚えています。この時実感したことは、施設の園長や事務長の考え方ひとつで、ずいぶん生活が変わるということでした。

当時は1人部屋はなかった時代ですから、部屋割りも大変でした。職員がしてもうまくいかなかったから自治会で部屋割りを担いました。誰とも気の合わない人が3人ほどいて、考えるのが難しかったのを覚えています。気の合う人との生活はいいけど、気が合わない人との生活はしんどい。「気の合う人と生活がしたい」という思いもあって、自然と男女のカップルが誕生していきました。

自治会にも「結婚したい」という要望が強く出されるようになってきました。当時は「重度障害者が結婚なんて！」というような時代でしたが、初代園長がゆくゆくは夫婦棟を造る構想を持っておられることをお聞きし、自治会で結婚実行委員会を立ち上げました。10年という長い準備期間がかかりましたが、ふたり部屋を夫婦で使えるように考慮され、施設で結婚生活する上でのルールも自治会で考えました。結婚のケの字もなかったわたしは結婚実行委員会の中心で、みんなと施設の板挟みになりながら、また幾人もの退所カップルを見送りながら活動していました。

当時、施設の中で子どもを育てることは不可能でした。「子どもができたらどうやって育てるのか」「親の同意、親の援助抜きには絶対できないのでは」「子どもが欲しいから結婚したいわけではなくて、自分の人生を誰かと一緒に過ごすための結婚だ」等々、侃侃諤諤《かんかんがくがく》の議論を重ね、結婚実行委員会で東京や大阪まで施設見学にも行きました。でも、重度障害者の出産、子育てに理解がない時代、話し合いを持つ中で出した結論は「わたしたちは重度の障害を持っている。ここでは子どもは持たないほうがいい、気の合う人と生活するということを大切にしよう」というものでした。そして、施設で夫婦生活を送る場合は断種するという苦渋のルールを決めたのでした。当時、8組以上のカップルがありましたが、待ちきれなくて無理やり施設を出て行ったカップルや、結婚前に妊娠がわかり、両親や兄弟の支えがなく、赤ちゃんをあきらめたカップルもいました。今でも心苦しいし、かわいそうなことをしてしまったと思います。でもこの悲しいことをきっかけに、施設内での夫婦生活実現が加速しました。現在でも、夫婦で暮らしている人がいます。

26歳のとき、父が脳卒中の後遺症から農業が続けられなくなり、施設の近くに引っ越してきました。そしてわたしはこの施設でずっと暮らしていくことを家族が望んでいることがわかり、改めて自分の将来のことが不安になりました。友だちは次々施設から出ていき、正直、自分がここで結婚するのはどうなのかなと思っていました。

## 2. 自信に満ちた変わり者?との出会い

そんな時、彼が新しく入ってきたのです。中学時代を過ごした施設にいた後輩でした。彼はあのころから「努力家」の見本でしたから、すぐわかりました。彼は以前より少し障害が軽くなっていましたが、両手の機能はよくなってはいませんでした。

彼は障害が重いのに「自分は何でもできる!」と言わんばかりの話しばかりで、ちょっと変わり者でした。

彼は独学でアマチュア無線の資格を取得して、無線で交信しながらいとも簡単に多くのなかまとつながりをつくっていました。「施設から出て健康な人と同じように暮らしたい!」というぶれない思いにひかれ、いつの間にかわたしも冒険心に火がつき、夢を実現させる道を一緒に頑張ることにしました。そしてふたりで施設を出ました。

息子の生後 100 日お宮参り

＊僕には重度の障害があるから、自分からプロポーズするなんてことは絶対にないと思っていた。でも、喜美子は違った。優しい彼女と心底結婚したかった。僕は子どもが欲しかった。断種は絶対したくなかった。だから喜美子と施設を出た。みんなは喜美子をさらっていった、と怒った。さらって逃げたと。誰もが反対したし、結婚を喜んでくれなかった。結婚式は施設の相談員だった仲人さんとだけで挙げた。かつて喜美子が憧れた先輩の奥さんが仲人を引き受けてくれた。不思議と寂しい気持ちはなかった。喜美子もみんなから反対されて出たんだからわたしにも意地がある。どんなことがあっても負けない、と言ってくれた。

秋保和徳

## 3. 無線でつながって

地域生活のスタートは平屋長屋の町営住宅でした。住宅を見つけるきっかけは、主人のアマチュア無線でした。無線でお知り合いになった方が相談に乗ってくださって、空いている町営住宅を借りることができました。でも、その当時はバリアフリー住宅などありませんでしたから、改造しないと使えません。行政の理解もあり、町営住宅をわたしたちの使いやすいように改造させてもらえたので、生活することができました。このころの生活費は生活保護を受けて暮らしていたんですが、ふたりの障害年金を合わせたら基準より高くなったのでカットされました。

当時は、重度障害者がどうしてこんなところに来ているのかと、近所の人に珍しそうに窓越しにのぞき込まれることもありました。でも、アマチュア無線のおかげで、毎日いろんな友だちが訪ねてきてくれて、とっても変化の多い充実した毎日でした。ただ、何もないところで、お店もスーパーも市内に1軒だけでした。買い物もタクシーで行かないといけなかったですし、ちょっとお洒落な服を買おうと思ったら隣の町まで行かないと何もありませんでした。当時の移動は全部タクシーで、病院も役所も段差があって身体障害者用のトイレもありませんでした。

## 4．妊娠、そして出産

結婚して2年目に赤ちゃんができました。双方の両親はとっても喜んでくれたのですが、病院に行くと「貴方は産めないからおろしましょう！」と言われました。

それからが大変でした。受診に行くたびに「お二人とも病気なん

子どもの日のお祝いを息子とともに

だから、元気な赤ちゃんが産まれるかどうかわからん！」「まだあきらめないんですか！　早く決めないと、おろすのが大変になるから、早く決断したほうがいいですよ！」と迫られました。わたしの歩行はとても不安定で、尻もちをついてよく転んでいましたが、赤ちゃんは生き続けています。赤ちゃんも生きようとがんばっている！　本当に悩みました。「赤ちゃんに障害があっても生きていけるよーねぇ！　だって、わたしらも障害があって生きとるじゃん」「なんでダメダメ言われるんかねぇ」「あんたの身体が心配じゃけえよー」「じゃあ、赤ちゃんはどうなるんねぇ」いくら話し合ってもこんな会話がぐるぐるまわって…そして、やっと決心しました。「わたし産みたい！」

もうすぐ3カ月に入る前、病院に行き、「先生、なんとか赤ちゃんに逢わせてください！」と頼み込みました。

「決心したんなら、やってみましょう。赤ちゃんの心音も元気そうだ！　普通分娩は無理だから帝王切開でやりましょう。これからが大変なんだからね！」その日から、先生はとても親身になって赤ちゃんの成長を見守ってくださいました。

＊妊娠を告げられたとき、正直なところ、複雑な気持ちだった。喜美子のあの細い身体で、本当に出産が耐えられるのか。健康な人でも体をこわす人はいる。健康な人以上に体に負担がかかる。子どもだけでなく、喜美子まで何かあったら…と不安でたまらなかった。でも、喜美子は大胆だった。産む！と決めたときの顔は、もう母親の顔だった。

秋保和徳

おかげさまで赤ちゃんは無事に生まれました。でも帝王切開での出産後が想像以上に大変でした。普通なら痛くないように力を抜くことができるけれど、脳性麻痺で逆に緊張してしまって、縫ったところの傷が開くのです。夜も寝られず、退院できるまで1カ月半ほどかかりました。母乳をあげるため、薬も飲めず苦しみました。退院して家に戻り、赤ちゃんとの生活がはじまりますが、そうとう身体に負担がかかっていたんだと思います。3週間ほどすると、また身体に痛みが再発して、大変な状態となり、再入院しました。とうとう母乳をあきらめ、人工栄養ミルクに変えて薬が飲めるようになり、少しずつ回復していきました。

## 5. 育児はできるだけふたりの手で

わたしたちの育児は実母をはじめ、たくさんの支えの中で出発しました。でも、「子どもは育ててもらった人をお父さん、お母さんと思う。だから、できるだけふたりで育てていこう！」と決め、必死にがんばりました。抱っこするのを失敗して子

七五三のおもいで

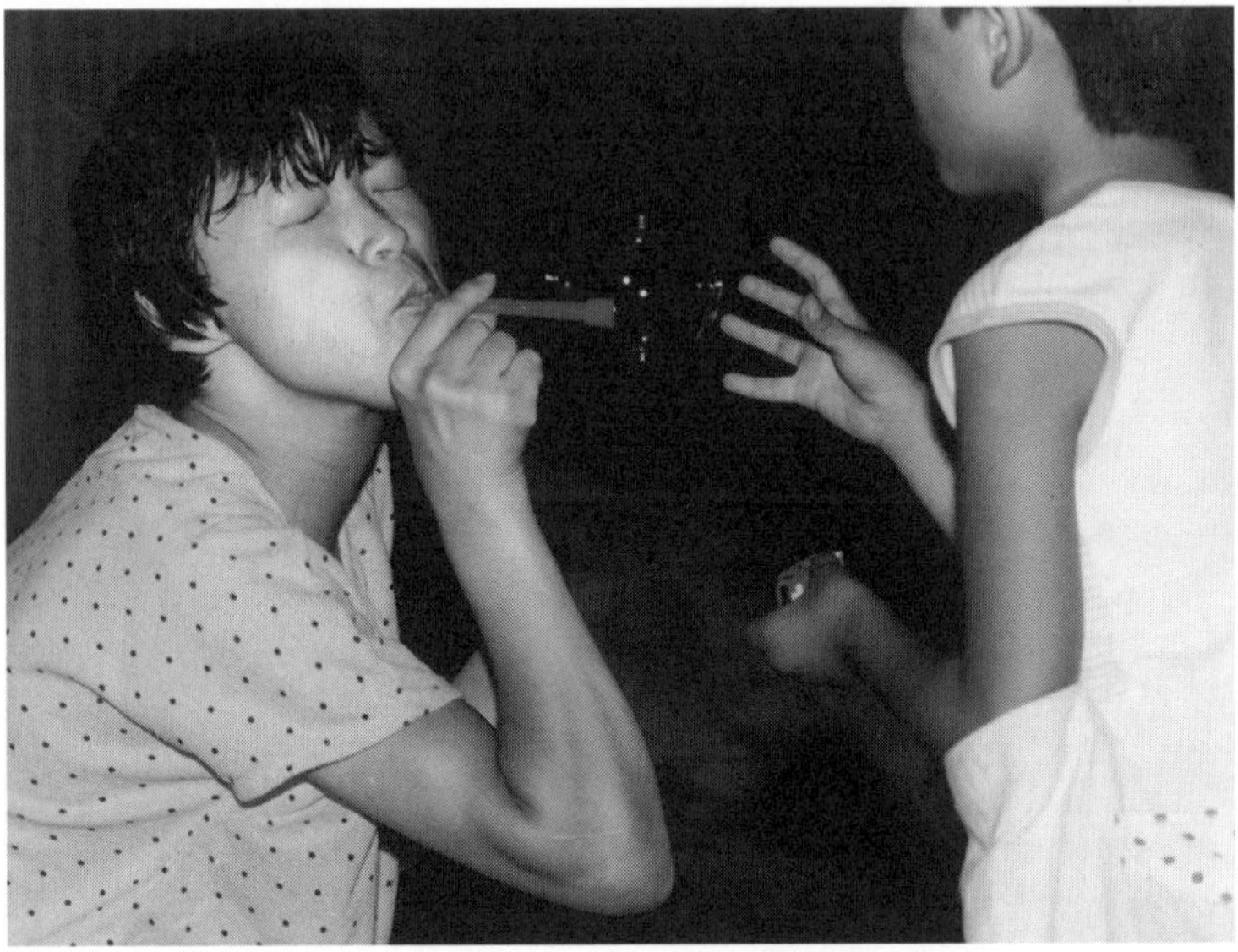

シャボン玉であそぶふたり

どもの肘が抜けたこともありました。ぜんぜん腕を動かさなくなって、翌朝ミルクを飲ませたら片手しか使わなくて、これはおかしいと思い病院に連れて行ったら抜けていたことがわかりました。

＊冬の寒い夜、子どもが泣き出して、見るとおしっこで着ているものがぐっしょり濡れていた。右手と両足を使って喜美子が必死に服を脱がせ、おむつをかえるが、上手くいかない。みるみる体が冷えて子どもはガタガタと震えだす。両手がつかえない自分は手を貸すこともできず、ひたすら声をかけ続けました。

秋保和徳

いろいろありましたが、それでも、風邪をひくこともなく、たくましく育ってくれたと思います。2歳ぐらいの時、母子の会話をカセットテープで録音したものがあって、あの頃の自分の声を聴いたら鬼みたいな声を出していました。

## 6．オバケがきたー!!

保育園のお迎えに行ったとき、子どもたちが、わたしの顔を見て口々に「オバケがきたー！」と言いました。ショックでした。

障害のある両親のせいで息子がいじめの対象にならないかと落ち込むわたしに、夫は「だから、できるだけ保育園に行って、子どもたちと関わろう。自分たちをさらけだすことが、お化けじゃなくなる早道だ」と堂々としていました。

保育園の友達が家に遊びに来るようになり、その家族とも親しくなり、息子もたくさんの輪の中で育ちました。現在、息子は結婚し、二児の父親になり頑張っています。

## 7．大冒険の地域生活はすべてのことが挑戦！

40数年前は福祉資源も制度もあまりありませんでした。公共施設も段差があって入りにくいし、トイレにも入れない。買い物もタクシーで隣町まで行っていました。

障害のある人と知り合うことも少なかったのですが、全国障害者問題研究会（以下、全障研）サークルの仲間と一緒に町のバリアフリーを点検をしたり要望を出したりしていました。

小さな願いも少しずつ理解がひろがり、バリアフリーの町づくり、作業所づくり、居宅支援制度などができてきました。

**※みんなで進めてきた地域福祉**（40年の時の中で叶ったこと）

○居宅支援　家事援助（ヘルパー制度）
○貸し出し用のリフトカー購入
○作業所建設
○住宅改造費補助
○バリアフリーまちづくり（段差のないお店、公共施設や駅にエレベーター、車イス用トイレ、点字ブロックなどの設置）
○移動支援（ガイドヘルパー）
○グループホームやケアホームの設置
○コミュニケーション支援
○重度訪問介護
○タクシー券配布
○介護保険利用料の軽減

くさのみ作業所にてさをり織りをする

居宅のヘルパー制度は、子どもが5歳になるときになどの始まりました。それまでは何もありませんでした。貸し出し用のリフトカーを要望したときには、町長さんが「秋保さんだけが使うためには車を買うことはできない」と言われましたが、その後リフトカーを購入することになって貸出がはじまると、空いてる日がないくらい多くの人が使いました。

市内には当事者の団体はあまりなかったのですが、わたしは全障研に入っていたので全障研として町のバリアフリーなどの点検をして要望を毎年出していました。そんなことが始まりで他の視覚障害者のグループだとか聴覚障害者のグループなどができてきて、一緒に要望が出せるようになっていきました。

思い当たるものをあげてみましたが、どれも一挙に叶ったわけではありません。もちろん、国の制度も大事です。しかし、それだけではなく、地域でも行政に願う声を上げ続け、住民の理解がひろがってできたことだと思います。

# 第4章 障害者自立支援法違憲訴訟

## 1.『きょうされん』との出会い

利用者5人で始まった小規模作業所の運営はとっても大変でした。

「もっと補助金が出たら職員も増やせるんだけどねぇ…やっぱり頑張って声を上げていかないと

ね！」所長さんから『共同作業所全国連絡会（現：きょうされん）』が毎年国会請願署名にとりくんでいることを聞き、すごく感動しました。広島県で開催されたきょうされん第18回全国大会（当時は全国集会）に参加してすぐに『きょうされん』ファンになりました。

国の政治の進め方で、わたしたちの暮らしが左右されることを強く思い知らされたのは２００６年に始まった「障害者自立支援法（２００５年成立）」でした。

「働きたい！」「もっと心ゆたかな生活を送りたい！」という願いがやっと少しずつ実り始めたのに、「自立支援法」による「応益負担」は、どんな支援を受けるのも利用料がいるという、家計に重い負担を強いてきました。みんなで苦労をともにしながら頑張ってきた作業所は報酬が「日払い制度」になり、赤字運営が生じました。職員も家族会も障害年金で暮らしているわたしたちも、みんな「困った！」の連発！　隣町でも、子どもの将来への不安が募り、母親の自殺も起きてしまいました。

## 2．「応益負担」をなくしたい！

わたしは作業所で働く喜びを感じることができるようになりました。なのに、なぜそのことにお金（利用料）がかかるのかわかりませんでした。

お金がかかるようになることで、作業所と日常生活とでふたりで5万円がさらに負担として増えました。ふたりの障害年金から5万円がなくなります。そして、生活費が足りなくなりました。我慢することばかりが増えてすごく大変でしたし、わたしたちだけではなく、みんなが「大変だ！　大変だ！」と悲鳴をあげていました。これは何とかしないといけないと思いました。

支援を受けないと生活ができないのに、支援を受けることにお金がいるということは、当事者にとっては残酷なことだと思います。

まず、自分たちのしんどさをみんなに知ってもらいたいというところからはじまりました。でも、マスコミにも振り向いてもらえないし、東京で1万人を超える集会をしても、国会までデモ行進をしても、あまりとりあげてもらえず、新聞にも載せてもらえませんでした。みんなに知ってもらうためには、もっとインパクトのあることをすることが必要だと思いました。

## 3．障害者自立支援法違憲訴訟

「応益負担」をなくしたい！という思いで、全国の仲間たちとつながり自立支援法違憲訴訟の原告に夫婦で名乗りを上げました。とにかく何とかしたい思いで無我夢中でした。全国14地裁で71名の原告が立ち上がり裁判が始まりました。弁護士の先生方も必死で応援してくださいました。

裁判の日は傍聴席に入りきれないくらいたくさんの人が来てくれました。マスコミも目を向けてくれてＮＨＫも取材をしてくれました。放送してくれることで、周りも地域の人も「大変だね～」と声をかけてくれるようになりました。

「自立支援法違憲訴訟団」は何度も国との話し合いを経て、２０１０年1月7日、「基本合意」を結びました。自立支援法違憲訴訟は「勝利的和解」で終わりました。

資料1

# 障害者自立支援法違憲訴訟原告団・弁護団と国（厚生労働省）との基本合意文書

平成２２年１月７日

障害者自立支援法違憲訴訟の原告ら７１名は、国（厚生労働省）による話し合い解決の呼びかけに応じ、これまで協議を重ねてきたが、今般、本訴訟を提起した目的・意義に照らし、国（厚生労働省）がその趣旨を理解し、今後の障害福祉施策を、障害のある当事者が社会の対等な一員として安心して暮らすことのできるものとするために最善を尽くすことを約束したため、次のとおり、国（厚生労働省）と本基本合意に至ったものである。

**一　障害者自立支援法廃止の確約と新法の制定**

国（厚生労働省）は、速やかに応益負担（定率負担）制度を廃止し、遅くとも平成25年８月までに、障害者自立支援法を廃止し新たな総合的な福祉法制を実施する。そこにおいては、障害福祉施策の充実は、憲法等に基づく障害者の基本的人権の行使を支援するものであることを基本とする。

**二　障害者自立支援法制定の総括と反省**

1　国（厚生労働省）は、憲法第13条、第14条、第25条、ノーマライゼーションの理念等に基づき、違憲訴訟を提訴した原告らの思いに共感し、これを真摯に受け止める。

2　国（厚生労働省）は、障害者自立支援法を、立法過程において十分な実態調査の実施や、障害者の意見を十分に踏まえることなく、拙速に制度を施行するとともに、応益負担（定率負担）の導入等を行ったことにより、障害者、家族、関係者に対する多大な混乱と生活への悪影響を招き、障害者の人間としての尊厳を深く傷つけたことに対し、原告らをはじめとする障害者及びその家族に心から反省の意を表明するとともに、この反省を踏まえ、今後の施策の立案・実施に当たる。

3　今後の新たな障害者制度全般の改革のため、障害者を中心とした「障がい者制度改革推進本部」を速やかに設置し、そこにおいて新たな総合的福祉制度を策定することとしたことを、原告らは評価するとともに、新たな総合的福祉制度を制定するに当たって、国（厚生労働省）は、今後推進本部において、上記の反省に立ち、原告団・弁護団提出の本日付要望書を考慮の上、障害者の参画の下に十分な議論を行う。

**三　新法制定に当たっての論点**

原告団・弁護団からは、利用者負担のあり方等に関して、以下の指摘がされた。

①　支援費制度の時点及び現在の障害者自立支援法の軽減措置が講じられた時点の負担額を上回らないこと。

②　少なくとも市町村民税非課税世帯には利用者負担をさせないこと。

③　収入認定は、配偶者を含む家族の収入を除外し、障害児者本人だけで認定すること。

④　介護保険優先原則（障害者自立支援法第７条）を廃止し、障害の特性を配慮した選択制等の導入をはかること。

⑤　実費負担については、厚生労働省実施の「障害者自立支援法の施行前後における利用者の負担等に係る実態調査結果について」（平成21年11月26日公表）の結果を踏まえ、早急に見直すこと。

⑥　どんなに重い障害を持っていても障害者が安心して暮らせる支給量を保障し、個々の支援の必要性に即した決定がなされるように、支給決定の過程に障害者が参画する協議の場を設置するなど、その意向が十分に反映される制度とすること。

　そのために国庫負担基準制度、障害程度区分制度の廃止を含めた抜本的な検討を行うこと。

国（厚生労働省）は、「障がい者制度改革推進本部」の下に設置された「障がい者制度改革推進会議」や「部会」における新たな福祉制度の構築に当たっては、現行の介護保険制度との統合を前提とはせず、上記に示した本訴訟における原告らから指摘された障害者自立支援法の問題点を踏まえ、次の事項について、障害者の現在の生活実態やニーズなどに十分配慮した上で、権利条約の批准に向けた障害者の権利に関する議論や、「障害者自立支援法の施行前後における利用者の負担等に係る実態調査結果について」（平成21年11月26日公表）の結果も考慮し、しっかり検討を行い、対応していく。

①　利用者負担のあり方

②　支給決定のあり方

③　報酬支払い方式

④　制度の谷間のない「障害」の範囲

⑤　権利条約批准の実現のための国内法整備と同権利条約批准

⑥　障害関係予算の国際水準に見合う額への増額

## 四　利用者負担における当面の措置

国（厚生労働省）は、障害者自立支援法廃止までの間、応益負担（定率負担）制度の速やかな廃止のため、平成22年4月から、低所得（市町村民税非課税）の障害者及び障害児の保護者につき、障害者自立支援法及び児童福祉法による障害福祉サービス及び補装具に係る利用者負担を無料とする措置を講じる。

なお、自立支援医療に係る利用者負担の措置については、当面の重要な課題とする。

## 五　履行確保のための検証

以上の基本合意につき、今後の適正な履行状況等の確認のため、原告団・弁護団と国（厚生労働省）との定期協議を実施する。

障害者自立支援法違憲訴訟原告団

秋保　喜美子

障害者自立支援法違憲訴訟弁護団　代表

厚生労働大臣

長妻　昭

資料２

# 障害者自立支援法訴訟の勝利をめざす会

## さよなら障害者自立支援法—訴訟勝利までの軌跡—総括

障害者自立支援法訴訟全国弁護団　団長　竹下義樹

日本の障害者福祉は、戦後日本国憲法の下で、遅い歩みではありましたが着実に前進してきました。ところが、２００６年４月に障害者自立支援法が施行されてからは、それまで60年間をかけて積み上げてきた私たちの闘いの成果が音を立てて崩れはじめました。障害者やその家族の誰もが望まない福祉制度が障害者自立支援法でした。

障害者自立支援法は、障害者に幸せをもたらすことのない法律であり、応益負担という「福祉」とは到底言えない本質を含む悪法であるため、法律ができてからも圧倒的多数の障害者や家族、さらには障害者福祉を支えてきた団体や福祉事業者は毎年のように激しい反対運動を続けてきました。そうした背景の下に、障害者や障害者団体と弁護士が約１年をかけて繰り返し議論を重ね、２００８年10月31日に訴訟を提起することになりました。

ところが、いざ訴訟を申し立てる段階で、最初に原告となって訴訟を提起する障害者はなかなか現れませんでした。そこへ、広島県の秋保さんが勇気を出して訴訟を提起したことにより、それに励まされた全国の障害者が次々と原告になることを決意し、最後には71人の原

調印式でサインをする秋保さん。右端は長妻昭厚生労働大臣（当時）

告が全国の14地裁に訴訟を提起するところまでに広がりました。障害者や関係者のそうした行動が世論となり政治を動かしました。まだどの裁判所でも判決が言い渡されていないにもかかわらず、２００９年９月に、厚生労働省の山井政務官から障害者自立支援法の廃止を前提に訴訟の円満解決の為の協議の場を持ちたいという申し入れが原告弁護団にありました。そして、10月6日から協議が開始され、精力的な話し合いが繰り返された結果、２００９年12月29日の深夜にようやく基本合意文書の内容が固まりました。そして、２０１０年１月７日に基本合意文書への調印式が行われたのです。

こうした流れをこの時点で確認し合

うことは、この訴訟と基本合意の意義を明らかにすることでもあります。それは、障害者自立支援法が、いかに障害者、家族、障害者福祉を支えてきた団体や事業者を苦しめてきたかということであり、障害者をはじめとする関係者が、法律が施行されても諦めることなく闘い続けたということであり政権交代が行われることによって政治が、そして国が障害者の声をようやく受け止めることができたということです。

しかし、決して闘いは終わったわけではありません。今日においても、悪法である障害者自立支援法は残っていますし、障害者が望む障害者福祉を形にする新法はまだできていないからです。障害者とその関係者が弁護団と一体となって闘ってきたことによって、今日の情勢がもたらされたものであるとすれば、その教訓は今後も私たちが今までと同様にスクラムを組み、闘い続けることによって障害者が真に望む福祉制度が実現するということです。基本合意文書が価値あるものと言える日は、障害のある人の権利条約の批准と新しい障害者福祉法が実現した時です。

基本合意に対してはさまざまな思いから消極的な意見もありましたが、最後まで原告と弁護団と勝利をめざす会が一体となって調印式にまでたどり着いたことに、弁護団長としてすべてのみなさんに敬意を表するとともに、感謝を申し上げ、私の総括とします。

## 4. これから

「基本合意」の完全実現が叶わないままに、わたしは年齢が進み介護保険に突入。利用料負担がまた始まりました。そして、運悪く4年前（2016年3月）に脳梗塞の発見が遅れ、左半身マヒで障害が一気に重くなってしまいました。言語障害もひどくなり、通訳してもらわないと理解してもらえないことも多くあります。足が動かない、手も動かない、自力では何一つできなくなってしまい、もう生きることがつらいばかりでしたが、家族、ヘルパー、作業所職員、友人、いろんな方に支えていただき、自分も現実を受け止め、前向きにとりくめるようになりました。

でも、常に支援をしてもらえる状態ではないので、がまんしなくてはいけないこともたくさんあります。障害が重くなったおかげで今まで気がつかなかった課題も見え、まだまだのんびりと余生を過ごす気にはなれません。自分が笑顔で暮らせる社会は誰にとっても安心して暮らせることではないだろうかと思い、これからも、自分の思いをあきらめないで、笑顔づくりをひろげていくためにできることはやっていきたいと思います。

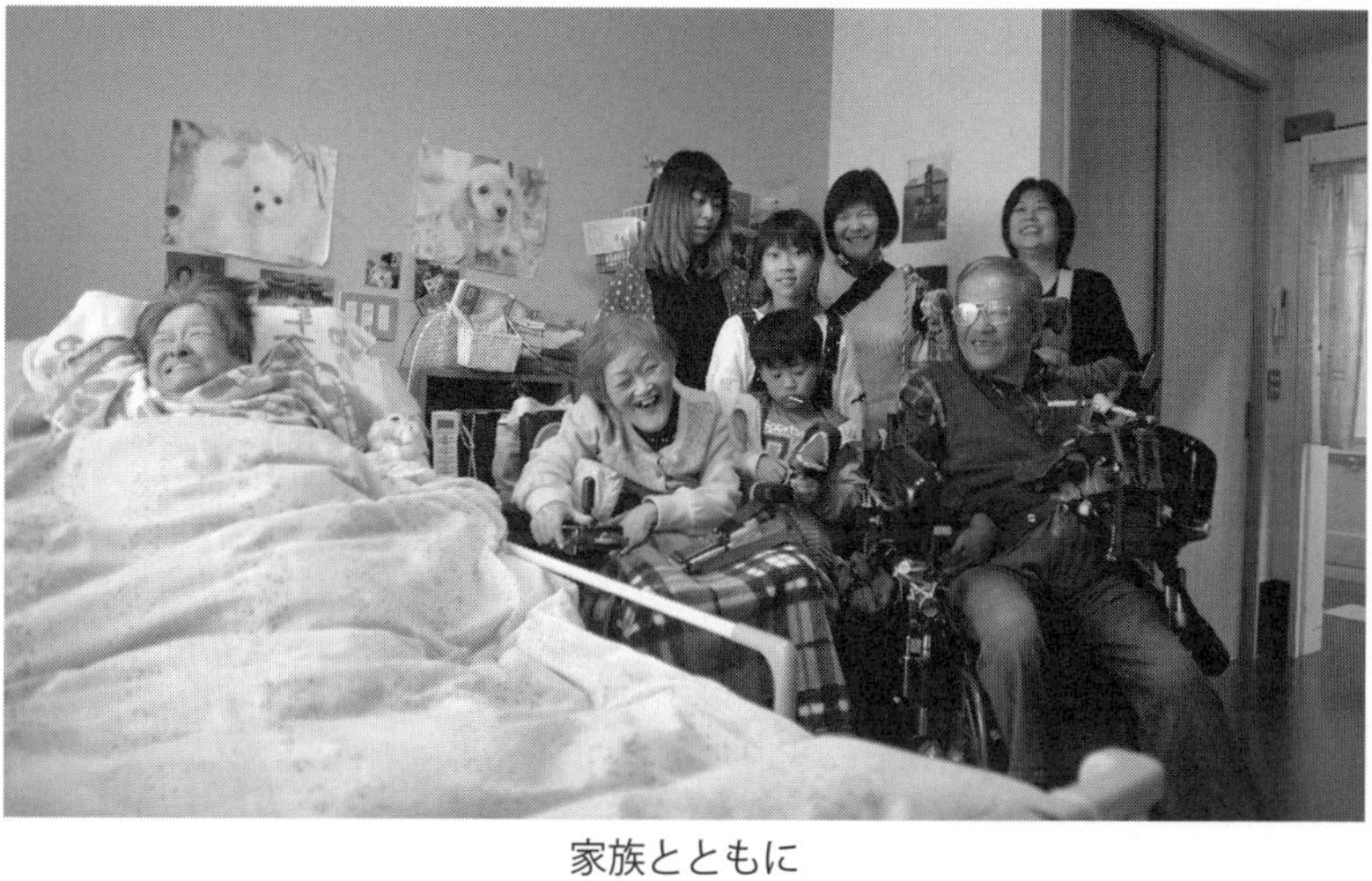
家族とともに

資料3

# 【年表】日本の障害福祉分野を中心とした社会のうごき

| 年 | 月 | 出来事 |
|---|---|---|
| 1945 | 8月 | 第2次世界大戦終結 |
| 1946 | 11月 | 日本国憲法公布、1947年施行 |
| 1948 | 7月 | 優生保護法公布、同年施行 |
| 1949 | 12月 | 身体障害者福祉法公布、1950年施行 |
| 1950 | 5月 | 生活保護法公布、同日施行・精神衛生法公布、同日施行 |
| 1957 | 8月 | 朝日訴訟 |
| 1960 | 3月 | 精神薄弱者福祉法（現在の知的障害者福祉法）公布、同年施行 |
|  | 7月 | 身体障害者雇用促進法（現在の障害者雇用促進法）公布、同年施行 |
| 1961 | 4月 | 国民皆年金・皆保険制度が発足 |
| 1970 | 2月 | 堀木訴訟 |
|  | 5月 | 心身障害者対策基本法公布、同年施行 |
| 1977 | 8月 | きょうされん（当時：共同作業所全国連絡会）結成 |

| | | |
|---|---|---|
| 1979 | 4月 | 養護学校教育義務制実施 |
| 1981 | | 国際障害者年 |
| 1983 | | 「国連・障害者の十年」（～1992年） |
| 1986 | 4月 | 障害基礎年金成立（国民年金法等の一部を改正する法律） |
| 1987 | 9月 | 「精神衛生法」から「精神保健法」に改正 |
| 1993 | 12月 | 「心身障害者対策基本法」から「障害者基本法」に改正 |
| 1994 | 6月 | ハートビル法（バリアフリー最初の法律）制定 |
| 1995 | 1月 | 阪神・淡路大震災 |
| | 7月 | 「精神保健法」から「精神保健福祉法」に改正 |
| | 12月 | 障害者対策推進本部「障害者プラン（ノーマライゼーション7カ年戦略）」策定（1996年～2002年） |
| 1996 | 4月 | 「優生保護法」を「母体保護法」に改正・らい予防法廃止 |
| 1999 | 4月 | 「精神薄弱者福祉法」が「知的障害者福祉法」に改正 |
| 2000 | 4月 | 介護保険法施行・成年後見制度施行（民法改正による） |

| | | |
|---|---|---|
| 2003 | 4月 | 身体障害者及び知的障害者の福祉サービスについて「措置制度」から「支援費制度」に移行 |
| 2004 | 10月 | 介護保険と障害福祉の統合策を含む改革のグランドデザイン案（厚生労働省）が発表・日本障害フォーラム（JDF）設立 |
| | 12月 | 発達障害者支援法公布、2005年施行 |
| 2005 | 5月 | 5・12「『障害者自立支援法』を考えるみんなのフォーラム」開催。6500人が集結（東京・日比谷） |
| | 7月 | 「このままの障害者自立支援法案では自立できません！7・5緊急大行動」開催。1万1千人が集結（東京・日比谷） |
| | 10月 | 障害者自立支援法成立、2006年度施行 |
| 2006 | 10月 | 「出直してよ！『障害者自立支援法』10・31大フォーラム」開催。1万5千人が集結（東京・日比谷） |
| | 12月 | 国連総会において「障害者権利条約」採択 |
| 2007 | 9月 | 国連「障害者権利条約」日本国署名 |
| | 10月 | 「私たち抜きに私たちのことを決めないで！今こそ変えよう！『障害者自立支援法』10・30全国大フォーラム」開催。6500人が集結（東京・日比谷） |
| 2008 | 10月 | 障害者自立支援法違憲訴訟全国一斉提訴。「もうやめようよ！障害者自立支援法10・31全国大フォーラム」に6500人が集結（東京・日比谷） |
| 2009 | 9月 | 政権交代（民主党政権樹立）・新政権「障害者自立支援法を廃止」を明言。障害者自立支援法違憲訴訟第2次提訴 |
| | 10月 | 障害者自立支援法違憲訴訟第3次提訴。「さよなら！障害者自立支援法　つくろう！私たちの新法を　10・30全国大フォーラム」で、長妻昭厚生労働大臣（当時）が登壇 |

| | | |
|---|---|---|
| ２００９ | 12月 | 「障がい者制度改革推進本部」設置 |
| ２０１０ | 1月 | 7日　障害者自立支援法違憲訴訟原告団・弁護団と国（厚生労働省）が和解に際して「基本合意文書」を締結・障がい者制度改革推進会議 |
| | 6月 | 障害者虐待防止法公布、２０１２年施行・障害者基本法改正の意見まとまる |
| | 10月 | 「今こそ進めよう！障害者制度改革、自立支援法廃止と新法づくりを確かなものに！10・29大フォーラム」（東京・日比谷） |
| ２０１１ | 3月 | 東日本大震災 |
| | 8月 | 「障害者総合福祉法の骨格に関する総合福祉部会の提言」まとまる |
| | 10月 | 「創ろうみんなの障害者総合福祉法を！10・28ＪＤＦ大フォーラム」（東京・日比谷） |
| ２０１２ | 6月 | 「障害者総合支援法」公布、２０１３年施行 |
| | 12月 | 政権交代（自由民主党・公明党政権樹立） |
| ２０１３ | 6月 | 障害者差別解消法成立、２０１６年一部施行 |
| | 9月 | 浅田達雄さん65歳を迎え、障害福祉サービス打ち切りのため岡山市を提訴 |
| ２０１４ | 1月 | 「障害者権利条約」批准（２０１３年11月・12月国会で承認） |
| ２０１６ | 4月 | 「障害者差別解消法」施行。「ふつうに生きたいくらしたい障害者権利条約・基本合意・骨格提言の実現をめざす４・21全国大集会」（東京・日比谷） |

| 年 | 月 | 事項 |
| --- | --- | --- |
| 2016 | 7月 | 「津久井やまゆり園」で障害者殺傷事件発生（神奈川・相模原） |
| 2017 | 7月 | 障害者就労継続支援A型事業所大量解雇問題（岡山） |
| 2018 | 1月 | 「優生保護法」被害者による初の提訴（宮城） |
| | 12月 | 浅田訴訟広島高裁にて勝訴。判決が確定 |
| 2019 | 4月 | 「旧優生保護法に基づく優生手術等を受けた者に対する一時金の支給等に関する法律案」成立 |
| | 6月 | 国連障害者権利委員会にJDFがパラレルレポートを提出 |
| 2020 | 1月 | 「基本合意10年全国集会」（東京・永田町） |

## 【著者紹介】

**浅田　達雄**

ASADA　TATSUO

1948年2月16日生まれ。
岡山県在住。

現在は、障害者の生活と権利を守る岡山県連絡協議会（障岡連）」幹事、「岡山肢体障害者の会」事務局長として活動中。仕事として、ヘルパーステーションまんまる。内の「ＭＡＮＭＡＲＵ印刷部」部長。

その他、障害のある人たちの相談や、学習会の講師をつとめながら、浅田裁判の意義を全国に広める活動に邁進中。

**秋保　喜美子**

AKIYASU　KIMIKO

1949年7月1日生まれ。
広島県在住。

現在は自宅で夫（秋保 和徳さん）とふたり暮らし。6カ所の事業所から支援を受けながら、くさのみ作業所に通っている。

きょうされん全国利用者部会副部会長として活動中。「基本合意書」の実現を目指し、現在も定期協議を続けている。

**きょうされん「第43次国会請願署名・募金運動みんなの学習パンフレット」に掲載された秋保さんのメッセージ**

わたしには脳性麻痺の障害があり、車いすを利用しています。65歳を過ぎ、障害福祉から介護保険を使わなければいけなくなりました。

私は以下の理由で、「介護保険優先原則」廃止を願います。

- 介護保険ではどんな支援を受けるにも、利用料負担が毎月発生します。生活費もきりつめないと払えません。
- ホームヘルパーは、「介護保険指定事業所」からの派遣になります。障害への理解やゆとりもなく時間が来たら帰られます。支援の時間と次の支援の時間の間を1時間半～2時間空けないといけないということもあるようで、これも辛い事です。
- 「介護保険優先原則」なので「作業所」に通えなくなったり、「グループホーム」を変わらなければいけなくなった人もおられるようです。
- 仕事ができる喜びや、仕事を通じて社会とのつながりが持てることができなくなるのはとても辛いことです。

〈KSブックレット No29〉
ふたりのエース ― 障害のある人と65歳の誕生日

2020年1月7日　初版第1刷
浅田 達雄・秋保 喜美子　著

発行所　きょうされん
〒164-0011　東京都中野区中央5-41-18-4F
TEL 03-5385-2223　FAX 03-5385-2299
郵便振替　00130-6-26775
Email zenkoku@kyosaren.or.jp
URL http://www.kyosaren.or.jp/

発売元　萌文社（ほうぶんしゃ）
〒102-0071　東京都千代田区富士見1-2-32　東京ルーテルセンタービル202
TEL 03-3221-9008　FAX 03-3221-1038
郵便振替　00190-9-90471
Email info@hobunsya.com　URL http://www.hobunsya.com

印刷・製本／倉敷印刷　装幀／佐藤　健　表紙イラスト／寺田 燿児

ISBN978-4-89491-380-6 C3036